La voz que duerme entre las piedras

TRÁNSITO DE FUEGO

Colección de poesía

Poetry Collection

JOURNEY OF FIRE

Luis Esteban Rodríguez Romero

LA VOZ QUE DUERME ENTRE LAS PIEDRAS

Nueva York Poetry Press LLC
128 Madison Avenue, Oficina 2RS
New York, NY 10016, USA
Teléfono: +1(929)354-7778
nuevayork.poetrypress@gmail.com
www.nuevayorkpoetrypress.com

La voz que duerme entre las piedras
© 2018 Luis Esteban Rodríguez

© Contratapa: Marco Aguilar

ISBN-13: 978-1-7326314-5-8
ISBN-10: 1-7326314-5-X

© Colección *Tránsito de fuego vol. 4*
(Homenaje a Eunice Odio)

© Concepto de colección y edición:
Marisa Russo

© Editor literario:
Daniel Araya Tortós

© Diseño de colección y cubierta:
William Velásquez Vásquez

© Fotografía de portada:
Luis Rodríguez Romero

© Fotografía del autor:
Karen Rodríguez Romero

Rodriguez, Luis Esteban.
La voz que duerme entre las piedras/ Luis Esteban Rodríguez; 1a edi-- New York: Nueva York Poetry Press, 2018. 134 p. 5.25 x 8 inch.

1. Poesía costarricense 2. Poesía centroamericana. 3. Literatura latinoamericana.

Todos los derechos reservados. Esta publicación no puede ser reproducida, ni en todo ni en parte, ni registrada en o transmitida por, un sistema de recuperación de información, en electroóptico, por fotocopia, o cualquier otro, sin el permiso previo por escrito de la editorial, excepto en casos de citación breve en reseñas críticas y otros usos no comerciales permitidos por la ley de derechos de autor. Para solicitar permiso, contacte a la editora por correo electrónico: nuevayork.poetrypress@gmail.com

Impreso en los Estados Unidos de América

Al recuerdo de Gladys & Rodolfo,
mis dulces abuelos
que por siempre serán
las ceibas de las cuales provengo.

Soy un Dios en mi pueblo y mi valle
no porque me adoren
sino porque yo lo hago porque me inclino
ante quien me regala unas granadillas
o una sonrisa de su heredad.
RAÚL GÓMEZ JATTIN

¡Ah, si aquel otro despertar, la muerte,
me deparara un tiempo sin memoria
de mi nombre y de todo lo que he sido!
JORGE LUIS BORGES

Primer despertar

—

Skawak, 2000 ac.

SUWO': RECUERDOS DE LA CREACIÓN

I SIBÖKOMO

Vivir en el vacío debía ser tan aburrido
que Sibökomo le ordenó
a una de sus piedras, poder hablar,
pero sin otra voz cerca;
nadie le previno que una piedra parlanchina
es pésima compañía.

"Ojalá mi padre me lleve
a ver lugares por allá arriba!",
decía la piedrecilla desde su bolsa,
y entre la nada el dios creaba apurado
los deseos de su hijo.

"Allí abajo hay una muchachita;
ojalá mi padre la lleve a
examinar lugares con nosotros".
y así la primera creación del hijo
fue la tentación, lo bueno y lo malo.

II El vagabundo

Ya por el camino
suena su caracol, olóóó
el hermano de la danta y el mar.
Reunirá a los clanes por primera vez,
los zorros mueven sus maracas, cha cha cha
esta noche nos enseñará.

Ha venido con el viento, fshhh
trae las semillas a Sulayom,
se mueve en la nube y la lluvia.
Los diablos le quieren matar
celosos de su alegre tambor, pum pum
ya el zopilote le mira llegar.

III LAS PIEDRAS

Cuando Sibú caminaba con nosotros
pretendió una vez caer enfermo,
y extendiendo su agonía a los árboles
>   preguntó a un pájaro si moriría.
La avecilla, descifrando el ardid
le respondió que nunca, porque era Sibú,
y el dios, embustero y satisfecho
pensó como una justa recompensa
convertirlo en una piedra sanadora.

PEQUEÑO JAGUAR

Mi piel es una jaula.
Por las mañanas se extiende
hasta alcanzar el manglar
donde los caimanes aporrean el silencio del agua;
se zambulle y entre las raíces pulposas
dibuja su respiración con la facilidad de mis derrotas.

Está hecha de ramas recogidas por otros
y se viste con flores que recién corté;
sin saberse muertas las pobrecillas,
insisten en convocar a los colibríes
a un inútil ejercicio de fecundación solar.

Me gustaría rasgar sus límites,
abrir estas manos
que aferran mi miedo a la soledad,
aunque me haga el valiente
sigo siendo un fantasma
que cada día ahoga al niño que fui.

Una procesión de todos mis yo
prepara su funeral,
allí serviré el licor de mis exabruptos
para cantar al violento corazón
      que crece junto al mío.

LA CACERÍA HUMANA

En secreto vamos
con el silencio de una lapa,
que es sudor y tinta sobre la frente.
Somos hormigas en la vereda
y nuestros pasos una ofrenda vegetal
a los poderes que guardan este lugar.

Mi lanza es un disparo bendecido,
una extensión de mi brazo
que viaja entre las realidades
y sentencia al venado
que lleva en su cola
    un pedazo del cielo.

De regreso, la caracola celebra.
he matado por primera vez
y durante la noche
compartiré humo y sal.

La luna esculpe rostros

sobre un lienzo de vergüenza,
cuando el pecado se cierra en torno al poste central
brotan lenguas de piedra de la noche;
¿Quién dicta esta atroz puesta de sol?
donde ungida en la caída de los tuyos
y su sangre que baja por tus cabellos,
me haces testigo del nacimiento de tu palabra
opositora al destino que nos esclaviza a tu cuenco,
y la sed inmerecida de los asesinos que te rodean.

Nuestras miradas guardan el viaje del sol,
y tú que vienes con la noche
estás impuesta a ser mi coronación,
¿qué pecado puede ser tan grande
para que dos se dañen?
No debe haber un dios que sonría a tal violencia.

Con la mañana, la fiebre del gusano uré,
arde como una peste en la sangre;
el ayuno de la luz sella las arrugas
desde donde un Be presiona por salir,
porque mi brazo es ahora un puente
por el cual la maldición entra a mi alma.

Soy una lapa de justicia que escribirá su muerte
al cobrar la vida de los míos.

COMPLICIDAD

> *Voy entre la multitud y mi nombre es Nadie.*
> **Finisterra** – LÊDO IVO

Compartimos el mismo pecado,
aquel de quienes comen los ojos
a los malos augurios,
porque este es un canto de hierro.

Nuestras manos crecen
entre cortezas y continentes,
como palabras que abren los cielos
donde somos colibríes que en las ramas
dejan tiras de piel;
y nos volvemos en niños
que persiguen mariposas
para arrancarles las alas,
perversos y feroces
paramos solo a crear nuevas arquitecturas,
nos mezclamos y seguimos huyendo

sin miedo al juicio solar de los dioses,
avergonzados y orgullosos
sembramos del ditsö
la tierra que pisamos.

Nuestros nombres serán Nadie
y como una mancha en el tiempo
avanzamos con la anónima serenidad
de los condenados al olvido,
guardarnos un secreto
enterrado en la saliva
que es la tinta de nuestra historia.

Canto a las semillas que somos

Somos un estanque
que ciego a todos los colores,
no delata la piedra en su fondo;
el viaje del sol y la luna entre las puertas de Sibú,
que frena las pestilencias
tras el umbral de la palabra.

Encallamos en una playa
traídos por el bramido de los huracanes.
En su cólera burbujeante
se escondía el idioma de los poetas de coral,
un canto que retaba las reglas de Dios;
con tu voz desgarraremos la tierra
junto a los Üjum
       cuando el final acontezca.

KÒKAMA

I

Cuando Sibú alzó su poder
puso a prueba a los primeros awápa,
y aquellos que fallaron
están desde entonces
atados a los malos augurios
    y la enfermedad.

II

A cada paso que creamos

nos delatan los aullidos

de los viejos robles,

y ni la luna logra ya limpiar

el rumor de nuestro pecado.

III

Me ata el hambre por la semilla
con la que mueren los colores en la tarde,
y es un mal augurio
en el camino de mi alma.
Eso me ha dicho el Kòkama
con su engañosa voz solar.

IV

De Sulá venimos y a ella volveremos;
en sus puertas espera la melodía
de los enterradores y nuestras madres
cual ofrenda de cacao y letra.

LA PARTIDA

Una a una
el río lava las voces
que se adhieren a sus piedras,
llevándolas por una ruta lejana
al agua de la que nacieron.

Con la corriente
me convierto en un fantasma
que es la morada de sus muertos,
y el ardor del agua
golpea mi rostro;
ahora soy un canto que proviene
de donde el río encuentra su creación
en la danza de los truenos
y los árboles.

CASA CÓSMICA

> *La primera base (Poste central)*
> *la puso el rey zoncho (Orobrú)*
> *ayudado por el rey y el tigre (Namú),*
> *que es el fuerte…*
> *Así, todos los animales trabajaron*
> *con Sibú en la construcción de la casa.*
> *(Tradición oral bribri)*

I

Oscuridad y silencio:

eso es

el vegetal vientre de mi madre

y su húmedo calor.

Las estrellas son carbunclos

pegados al techo,

echan a volar tras dejar un saludo

y forman nuevas constelaciones.

Desde abajo, ella,

quien me crea,
mira desde su mundo de luz
y si habla, vuelvo a nacer.

Con el humo, danza lentamente.
Los poros de su piel guardan una clave
que la flauta sabe seguir
para intoxicar mis sentidos.

II

Soy macho y hembra,
ser vivo y memoria,
un poema y el río;
el futuro corre tras mi pasado.
He engendrado a mis abuelos,
y los hijos de mis nietos
se secan como ancianos
consumidos bajo el sol.

Un árbol nace de mí
y mientras siga creciendo,
perseguiré a los colibríes
por rumbos de arena.

La respiración se profundiza
según va hundiéndose en la noche
que afuera se mancha de versos;
exhalo y la niebla desciende.

III

Un crepitar en la antorcha
y están allí; un par de ojos
que vigilan desde la frontera
de este micro verso mental.

En espera de un descuido
miran con resentimiento
desde el borde de la sombra,
se mueven, ondulantes, ¿qué buscan?

Dibuja una elipse hacia la izquierda,
cuando llega a mi espalda
temo por la inminente mordida
que desgarrará mi espina dorsal.

Pero lo que siento es su respiración,
un vaho rítmico y sus pasos;
aparece de nuevo a mi derecha
entre la penumbra, donde las estrellas no llegan.

IV

La recuerdo a ella, que también observa,

pero se ha ido con sus ojos y preguntas,

hundiéndose en un mar de jade.

Anhelarla, siempre me será inútil.

Me he descuidado

y el otro ataca, conquista.

al menos ha tenido la decencia

de hacerlo de frente, nunca me tuvo miedo.

Ahora me miro en el centro,

desde los límites de la creación,

habita mi espacio,

hemos comulgado mi carne.

Insistir es inútil,

está oscuro y hace frío,

mi apuesta es su impaciencia,

él también la busca.

CANTO DE CURACIÓN

Dos aves cruzan el cielo
y dibujan espirales plateadas
en un lienzo manchado de sal
que es su campo de batalla.

Somos notas inconclusas
en la canción al trueno
y a la montaña que lleva tu nombre,
cada gota de sudor discurre por la roca viva
hasta el mar.

Hacia ti dirijo
la música de mis ríos,
pero me pregunto si al beberla
se agotará su armonía
en una quemada deglución.
En el torrente,
la piedra se toma el agua
el aire, el manglar y los peces,
luego los deja pasar

con un poco de sí misma
como regalo para el viaje
 que no termina.

SERPIENTE DE AGUA

He encontrado en el abrazo del agua
una ruta que corta mis ataduras con el miedo.
Ahora, en mi piel brotan ceibas y volcanes
en cuánto muero una y otra vez
y habito mis pulmones
de pueblos y lenguas nuevas,
vistazos de aquello más allá de mí.

Cada paso es un verso
en la canción de las piedras,
el sol les ruboriza
al arrullar el sueño de la Serpiente de Agua,
la que reta y define el tiempo.

En un extremo el Kòkama y yo;
del otro, él, quien sueña,
mientras en la montaña
una flauta sopla vendavales
para el encuentro de certeza y posibilidad.

Aquel que viaja en la serpiente
rompe el encuentro y el mensaje,
la visión no es mía sino del otro,
aquel que nacerá en el legado del Jaguar
    y la Creadora.

Fluimos por fuera del tiempo
hacia el hogar de las palabras,
donde cuelgan de cabeza las raíces
en medio de un vapor que sostiene flotando
    lo que fue y será
        con una cadena de aire.

DESTINO DE LAS SEMILLAS

Luna y pájaro, a un tiempo, están divinos...
y ella asciende hasta él vuelta fulgores,
y él desciende hasta ella vuelto trinos.
El poema del ruiseñor - RICARDO MIRÓ

I

Entre el secretismo de los árboles
un estallido dehiscente
marcó el inicio de una vida centenaria,
una semilla lunar que la tierra abrazó
como regalo de humedad a su piel.

En medio de esa oscuridad
empezó por estirar un dedo
para despertar de a poco sus sentidos,
y desde el interior de ese vientre universal
creció un misterio que se alzaría sobre las nubes.

Una mañana, ya era árbol,

y con una sonrisa de savia, aprendía de cada ángulo
el secreto de su antesis crepuscular,
que es alimento de la mariposa y el murciélago,
creadora del polen y la palabra que abren el cielo.

Una ceiba que crece como majestad de lo que se ve
y aquello oculto bajo su sombra,
coronada de lapas y gritos anónimos
esparce raíces que acarician la tierra
hasta tocar la roca.

II

Entraré en la laguna color jade,
inundaré de sus aguas mis pulmones
y extinguiré la vida que les habita,
descenderé en silencio a ese inframundo
donde mi cuerpo se convertirá en sustento de los Bé,
quienes lo servirán junto a maíz negro.

Algún remanente de mí llegará
a ese lugar donde será semilla
y crecerá como otra ceiba desde el techo,
hundiéndose en una espesura de muerte
tras un sol que no se encuentra allí.

EL HILO: LA VOZ QUE DUERME ENTRE LAS PIEDRAS – parte 1

Mientras me alejo, amado mío,
me duele la soledad de tu sepulcro acuático
                 y los versos que allí
te crecen desde los pulmones como líquenes
hasta los nervios de tu sonrisa.

Para ti no habrá tránsito al abrazo de Sulá,
ni los isogros alzarán sus cantos al viento
cuando las dolientes
                 preparen la chicha
que beberíamos por ti.

No, la bijagua no besará tu arcilloso aliento
de días ya sin vivir,
ni podré tejer un hilo fino
que guíe tu alma entre la montaña
hasta la tumba que te llama
a dormir en sus jazmines.

Eres una vasija

que se rompió al medio del día,

quisiera mis abrazos amortajasen tu silencio,

vagar hasta que seamos metáfora de nuestra ira

naciendo una y otra vez

    y perdernos

    en la búsqueda que no sé empezar.

Segundo despertar

-

Skawak, 1502

Suwo': El clan de los navegantes

Después que el mar naciera
del vientre de Mulurtmi,
Sibú trajo las semillas que sembraría
para ver crecer a sus hijos;
por curiosidad puso otras en una balsa
y con su aliento de brizas oceánicas,
las hizo navegar hasta horizonte.

En su hogar detrás de las olas,
el Dios Padre los habrá llamado
a formar los clanes y enseñar los oficios.
Llegará el día que vuelvan con otros ojos y otra piel,
tan lejanos a las reglas de Dios
que romperán su linaje.

Cuando suceda
será el tiempo de dormir para Sibú y sus hijos,
y como ya lo sabíamos, no nos debería sorprender.

SÚPLICAS DE UN VIEJO AWÁ

Escucha, Sibú,
el llanto de quienes guardan tu sabiduría.

Por una puerta sale el sol,
cuida que se abra poco, poco;
que los males no vengan
a robarnos la música por la boca;
pero si salen, dios amigo,
dale fuerza a tus awápa
para espantarlos por la puerta de abajo
al anochecer.

Con tu ayuda sanaremos la enfermedad
y no habrá guerras ni sequías ni culebras,
por tus cantos que son escudo de valor.

Así prevaleceremos sin perder la ruta
en la frialdad de un poema sin terminar.

Skawak

Somos dueños de nuestro espacio,
Skawak, alta y valiente,
hija favorita de Sulá.

Cuando amanezca, Reina Subterránea,
el sol nos bañará de enfermedades
para alejarnos de tus aguas y oscuro abrigo.

Desde nuestras tumbas, Skawak,
levantaremos una tromba de aliento,
que ayude a germinar tus palabras

Sangraremos nuestro pecho, Madre,
manteniéndote libre de las caricias
que invadirán tu intimidad.

Skawak, bella e inexpugnable,
entre tus lluvias
los enemigos huirán con frío en los huesos.

Vendrá cuando el gorgoteo de tus selvas,
sufra la pasión de un crucifijo, Libertadora,
callándolas una tras otra.

Tendrás tu defensor, Skawak,
la lanza nacida de las ocho danzas de Dios,
de sus cantos y reglas.

Y ya no sufrirás, Creadora de la Palabra,
tú, origen y esfera del último destino,
donde perpetuaremos la libertad del suwo'.

El llamado de Dular

> *No todo está perdido, piensas,*
> *aguijoneado por el impulso de una redención,*
> *aún es tiempo de que renazca*
> *el árbol sacrificado por el verano.*
> ***Joya abolida para el alma*** – GIOVANNI QUESSEP

He despertado esta noche

sudoroso y enfermo,

indeciso de si aún pertenezco a los vivos.

Desde una casa oculta en la montaña

la voz de una danta me ordenaba cortar los lazos

que me atan a este lecho de descomposición,

a sembrar en cada oído el idioma de las semillas

y el conocimiento que será nuestro escudo.

La senda que nos lleva al mañana

ha sido barricada con la sangre del Cordero

      y las lanzas

ya no son su llave.

EL DIOS FLACO

Como tortugas al desovar
    los sikuas han vuelto con las olas;
Sibú les esperaba
    pero ya no cumplen sus leyes,
    no temen a los espíritus
    ni les gustan las chichadas.

En su cuello
traen a un nuevo dios,
sus huesos parecen un trapo
y el rostro de tanto sufrimiento
lo lleva manchado
de un triste granate,
hasta le han clavado a una estaca
con los hierros de su amor.

Pobre dios flaco y terrible,
solo eres un niño que juega a la guerra,
te mata de a poco
un hambre de selva y manantiales

que no sabes controlar,

por las noches ardes en fiebre

de aquel santo metal

que duerme en el vientre de Sulá,

    y no tienes

quien te pueda consolar.

Dikum

Llegará el día en que un gigante solar
no sepa saciar su hambre de aguaceros,
y borracho de tanta sal
entierre sus dedos de almidón
en esta selva de heliconias y jilgueros,
y arrastre a los hijos de Sibú
al olvido de los no nacidos.

Porque entre fiebre y humos verdes
lo he visto, sabedlo,
que cuatro patas tiene la mesita
donde las piedras cantan sus historias,
cuatro caras la luna del ayuno
que invoca al Dikum,
y cuatro los mundos que crecen
en el cavernoso estomago de Sulá.
Vendrá el día cuando
despierte la gloriosa venganza
que habita en el alma del agua,
y el barro cubra las cicatrices

    que los sikuas
han dibujado en la piel de la tierra.

LA VOZ DE LA PIEDRA

La jaula se ha vuelto pájaro
y se ha volado
y mi corazón está loco
porque aúlla a la muerte
y sonríe detrás del viento
a mis delirios.
El despertar - ALEJANDRA PIZARNIK

Mi sia' está partida, mi sia' más querida,
el guijarro nacido de la corriente
en su lejano vientre de arena y algas,
un pececillo curioso
que acudió a mí
el día que aprendí los cantos sagrados,
como lo hizo mi maestro
y el suyo antes que él,
de los propios labios morenos de Sibú;
nunca falté al agasajo
ni los mandatos de Dios,
pero aun así se ha quebrado.

Ahora escribe mi epitafio sobre el suelo
con los dedos empapados
en su sangre de piedra;
es pacífica amenaza, fría también,
una voz que recuerda al barro seco
en los pies de los niños
después de jugar en la laguna.
Tarde, muy tarde,
estiré las ramas de mi mente
hasta abrir los cielos,
viejo, muy viejo,
la sia' habló a mi oído
la sia' habló en el sueño,
del día que predijo Sibú,
muerte y sal, habló,
sikuas con piel sin miedo a la lanza,
vienen de atrás del sol
con sus barbas de fuego,
tarde, muy tarde,
han despertado mis vidas
desde el amanecer hasta la noche.

¡Ay! Sabedlo, es tarde,

la vida se eleva,

será zopilote que vuela a Sulá,

el saber llega cuando el cuerpo desiste

y la Palabra calla la respuesta.

El mensaje del Usékar

> *Dios se puso a enseñar a los usékölpa casi toda la noche.*
> *Ya en la madrugada se puso a enseñar a los sukias.*
> *Salió el sol y Dios tuvo que irse.*
> *Por eso los usékares eran más poderosos.*
> Tradición oral Cabécar / Bribri
>
> ***Oí decir del Usékar*** – María Eugenia Bozzoli

Si al final de esta vida
fuera un simple pájaro,
remontaría la distancia sobre la montaña
hasta los murallones donde el viento cae herido,
para entrar a la cavernosa imaginación
de su morada.

Allí estará el Uséköl,
rodeado de sus perros sagrados,
con plumas de garza en la frente
y el lujo de unos anillos pulidos por el mar,
tan celestial
que los diablos no sostienen su mirada.

Bañaré mi corazón

en las oscuras aguas de Dios,

para postrarme frente a él a llorar;

rogaré por la salvación de nuestra gente

a la virtud de las piedras,

y él me levantará el rostro para decir:

contra este futuro

        nada nos puede defender.

ÁRBOL

Anoche soñé que era un árbol
y por más que lo intentaba,
no podía moverme.

Mi rostro daba la espalda al sol de la mañana
llenándose de musgo
mientras el cuello se me quemaba
desprotegido de mis ramas,
brazos que, de pesados, no podían obedecer.
Las raíces que había echado
me sujetaban infranqueables al suelo,
así que las tuve que convertir en pies.

Cientos de años pasaron
mientras esta metamorfosis se creaba
hasta que mis dedos se pudieron mover.

Entre la tierra húmeda,
las semillas de mis frutos
encontraron bienvenido asidero,

llevadas por el aire y las aves aquí y allá
todo un bosque crecía a mi alrededor.

Al dar el primer paso,
descubrí que ya estaba en todas partes.
Quisiera no despertar.

HIDALGUÍA: LA VOZ QUE DUERME ENTRE LAS PIEDRAS – parte 2

> *Si el mal, que hemos cometido,*
> *Viene a ser considerado,*
> *Menor es lo tolerado,*
> *Mayor es lo merecido.*
> ***Ante tus ojos benditos*** - Sor Juana Inés de la Cruz

Las olas que besan las tablas de la embarcación,
vienen de puntillas tras tocar
las incólumes costas de Veragua.
Me hablan de cómo el mar
es una frontera que aleja mi antigua vida,
difuminándola con el peso de esa voz
que al inicio pensé
me hablaba desde la espuma,
mas ahora le sé en el corazón del continente.

Vengo por mandamiento de un dios
al cual hoy comprendo muerto en el madero,
pero este despertar me golpea
con el linaje de mi espíritu,

dejándome ver que esta tierra
alberga dioses vivos bajo cada piedra.

Y traigo en los labios una viudez sin altares,
un canto al obispo de esta noble fe,
quien creía en la eternidad de la noche
y se preguntaba si alguna vez
hallaría la solución en el mensaje de los cerros.
Sin él habré de forjar mi derrota
en el tránsito hacia el futuro de la conciencia.

En el cielo, el sol es una corona de oro
que bendice con la mano del Cordero,
el genocidio que baña estas tierras.

Bajo el océano la noche se pone
y es una promesa de sanación;
preservar la semilla de la Palabra
es el reto y la respuesta.

Tercer despertar

-

Costa Rica, 1709

SUWO': SORKURA

I

Sangre y carne impías de mi progenie,
germinado de la piedra fugitiva
que no se conformó con su existencia,
partiste lejos del Gran Sanador
buscando ingrata aventura.

Te atarugas de la masa de maíz,
burlas mi venganza convertido en rana
o fuerte tapir que huye por la maleza,
y lloras como lagarto que ataca escondido.

Maldito sea el gallo, quiri quiri,
que cantó en tu nacimiento
y los caminos del mentiroso comején.
Pero ya mis lanzas surcan el cielo,
un mar de zopilotes furiosos
que dibujan estelas negras de victoria
en descenso hacia tu corazón mezquino.

Cuando tu aliento se acabe,

grande alegría sonaré en mi caracol, olóóóó.

En los murallones se moverá el eco

y seré de nuevo rey.

II

Anciano entre los sòrburu,
derramas tu baba, loco de ira,
persigues como un mono rabioso
el alegre trino de mi dulzaina
e interrumpes el tambor de los congos,
robas las maracas a los zorros grises
con que castigan al silencio de la selva.

Ya veo tus saetas acusadoras,
cruzan el cielo llenándolo de lágrimas,
pero cada una y las mil habrán de fallar.
¿Cómo habrían de lastimarme si lo soy todo?
Con una sola, te mataré.

III

Al viejo Sórkura, lo acabaron sus celos
más que la lanza de su nieto,
porque enceguecido no pudo atestiguar
el golpe que le atravesaba las entrañas.

Ahora su caracol entona engañoso
una canción que derroca los cerros
y al relámpago que enmudece la tormenta,
reúne a los diablos Bé de todas las latitudes,
vienen a danzar en torno al cadáver de Sibú,
enemigo del gran Sórkura.

A orden de su amo, los diablos se abalanzan
sobre el cuerpo de la joven víctima,
le desgarran y humillan, arrancan sus partes
lanzando sus trozos a los vientos;
mas cuando la afrenta se ha cumplido
el rumor de los árboles se vuelve jolgorio
y la amargada gloria de Sórkura
se convierte en transgresora risa de Sibú,
la música nace de la sabia

retumbando en la dulzura de los frutos,
mientras las guacamayas cantan alegres
porque la trampa ha sido jugada.

Ahora los diablos huyen con terror:
las partes de Sórkura
transmutan en malos augurios,
Wáyuk, Ùruksura y Àiáksura les espantan,
aròk, aròk, aròk,
los Bé ya no pueden dormir.
Cada suspiro les anuncia su muerte.

El nacimiento del rey lapa

Tierra adentro,
tras escarpadas murallas,
donde el agua corre salobre
por quebradas y torrentes,
una lapa hizo su nido
sobre la espalda de un armadillo.

Al tocar el suelo
donde los hombres de ayer
hacían el cacao y la palabra,
se convirtió en niño,
y al ritmo de la dulzaina
creció en Usékar y rey de los hombres;
sus pasos derriban las miradas
de quienes hubiera bebido sonrisas;
porque aquel que habla con los espíritus,
quien carga con el destino del mundo,
está condenado a una vida
de solitaria veneración.

El Suinse sigue su camino

a través de las montañas y el tiempo

      de nuestra sangre transmitida en la poesía,

celebran y narran

el levantamiento del Rey Lapa.

INSURRECCIÓN

Cuando el Rey Lapa interceptó
las palabras de la traición,
sus héroes marcharon invictos
con lanza y escudo,
dejando a sus espaldas
el dolor y cenizas
de los enemigos del Usékar.

Y en lo alto de su trono de luz,
el dios que guarda silencio
sintió una fría gota de sudor
bajar por su espalda bendita,
cuando toda Skawak
se levantó en su grandeza.

COMESALA

Con la mano izquierda de Dios,
Duarok escribe las reglas de la caza,
y así crece poco a poco
        una fractura
en el barro del que nacerá el Jaguar.

Así que, al danzar para la noche,
al callar a los enemigos de Sula
y hacer tuyos sus dones,
resuena vengativa
tu barba de huesos,
espinas que dan testimonio
de punzantes victorias.

LA MARCHA

El dios que muere
no deja de lamerse las heridas,
y en su casa solar
acaricia las maderas de su venganza
con la paz de un artesano.

Los Sikuas son una falange húmeda,
lenguas de guerra
que chupan el suelo de la selva
con un idioma de cadenas y volcán.

Calabozo, espada, humillación,
son para el Rey Lapa,
y con él marchamos
h o y m a ñ a n a y s i e m p r e
cautivos de la fiebre de un dios
de pus y enfermedad.

EL CAUTIVERIO

Huele a oscuridad y agua enferma,
cada gota devora mi carne de rey,
mordidas que por la espalda
crecen como hongos.

Me acompañan los fantasmas
de la tierra y la salobridad en que nací.
Ciego a estos recuerdos doblego mis alas
y me sumo en el sueño de las lapas.

Beatificación de Pablo

Bendito seas, Rey Lapa,
y alabado el nombre que El Cordero
lleva grabado en su frente con dedos de agua,
porque te han condenado y tu palabra clama derecho
a ser torrente que el arcabuz no puede silenciar.

Motas de lapas
invaden los cielos de la metrópoli,
ascienden y tiñen las nubes de su plumaje
para luego marchitarse en ceniza,
y en torno al cadalso mil ojos se regodean
con el entretenimiento familiar,
reptan sobre los adoquines manchados de cacao
de una ciudad santa
desecha en el hambre por la muerte.

MAGDALENA: LA VOZ QUE DUERME ENTRE LAS PIEDRAS – parte 3

Estuve allí, entre las caras,
mientras expulsaban tu aliento
de todas las fibras del sol.
No hice nada,
porque el miedo me halaba de los cabellos.

Y fueron mis manos
las que se bebieron tu sangre de los pisos;
en cada sorbo,
golpes de tinta para el mañana
y de azufre en mi vientre.

Cerré los ojos
y mariposas rojas
despegaron hacia los cielos,
partieron de sus nidos construidos
en mis pulmones, entre la piel,
y los músculos que ya no me sirven para abrazarte.
Ahora solo nos queda

una colección de piedras mojadas,

que son un monumento

a una maraña de caminos equivocados.

Cuarto despertar

-

Costa Rica, un futuro cercano

Suwo': Iriria

> *La muchachita infinita me posee,*
> *llena mis días con su ausencia,*
> *no me deja andar triste, me permite subir por su recuerdo,*
> *todo lo más habrá que ver cómo vivir sin ella,*
> *la señora sentada al fondo de mi sangre.*
> ***La dueña*** — Juan Gelman

Bajo el mar, el trueno y el sol,
el vacío era un lienzo de piedras
sobre las que no crecerían
las semillas de Sibú.

Iriria, hija de la danta Naítmi,
comía palmito, cacao y tortilla
en su casa del mundo inferior.
llenaba tanto su barriga de lo que existiría
que ya no cabía en los brazos de su madre
ni las piernas le lograban sostener;
sus ojos, perdidos entre hinchadas mejillas
no veían el peligro que revoloteaba sobre ella,

porque su sangre era alimento para Dukúr Bulu,
y de los lugares en que el enemigo dejaba sus excretas,
la vida crecía sobre las piedras.
La idea corrió entusiasmada por la mente de Sibü:
prometió a la madre que sus curaciones la harían caminar.

Tan pesada era Iriria,
que ni todos los animales del mundo
evitaron cayera sobre las rocas,
donde su sangre formó el verso para las semillas.

Las lágrimas de Naítmi llovieron por meses
con truenos y maldiciones al dios embustero,
pero Sibú le dijo:
Iriria está viva,
te prometo que caminara,
    en las personas que nacerán de ella.

El despertar

Pertrechado entre la gunnera,
un jaguar sortea los aguaceros
mientras busca en las estrellas
las formas que lo guíen
a través de la sal y la sangre
hasta la Creadora de la Palabra.

Las gotas esquivan las manchas de su manto
al tiempo que estas devoran la noche.

JAGUAR QUE SUEÑA CON LA POESÍA

> *En mi cabeza tuve pájaros,*
> *sobre mis piernas un jaguar.*
> *El canto del Usumacinta* - Carlos Pellicer

I

En un rincón del bosque tropical,
oculto entre el alto dosel,
debe estar durmiendo un gran jaguar.
Lo arrulla el gorgoteo de la lluvia mañanera
y un coro de croares en éxtasis.

Sobre las ramas,
danzan los esqueletos de quienes fueron sus presas
rindiendo tributo al Señor de las Sombras,
última cosa que vieron en vida.
Hacen ronda en torno a su cama de hojas
dejando escapar un tintineo de huesos que chocan,
desnudados ya de carne por las hormigas y los escarabajos

volverán a su tumba vegetal

cuando la penumbra regrese y el cazador despierte.

El jaguar es un fantasma entre los bejucos,

un relámpago de tiniebla,

sin ruido ni huellas

solo una promesa de muerte que avanza y acecha.

II

Dicen que cuando el jaguar duerme
sueña con un poeta que corre por la selva
con la misma gracia que él lo haría.
El poeta lleva en su pelo
parvadas de pájaros que echan a volar
cuando abre la boca y lanza
estrellas nacidas de su palabra,
que crea y llena de espesura al sotobosque
y de hojas húmedas al suelo,
donde rondan las culebras y crecen los hongos;
palabras que oxigenan las aguas del río esmeralda
en el cual se alimentan los peces
del liquen que crece en las piedras ahogadas.
Un día conocerán la barriga del jaguar
para unirse a su compañía de esqueletos.

III

Y yo te veo a ti Creadora,
con tu cabellera llena de pirangas
mientras que al hacer palabra
destruyes y renuevas el tiempo,
derribas la montaña para alzarla más alta,
y no caminas, sino que vuelas sin poner tus pies en el fango
ni tropezar con la tarántula o quebrar el balance,
traes la tormenta que rejuvenece las raíces
enterradas muy profundo en la tierra
y las inútiles cuentas que hacen los siglos.

Y si así te sueño, Creadora,
debe ser, por tanto,
que yo he de ser ese jaguar
que quizás duerme
llenando sus manchas de madrugada.

Canto fúnebre para quienes fuimos

Una vez fuimos dueños de todo
        y nuestra mirada: el terror,
nómadas solitarios en pos de una noche
que se arrastraba sobre una herida.

He vivido a lo largo de una anormalidad
que se niega a terminar,
a darme la redención de ser semilla
y devolver a estos bosques
        los espacios que anduvimos
aquellos como yo;
en sueños les vi caer
        mientras su coraje se volvía en la tristeza
del polvo que nos alimenta;
una piedra me cantó su historia
de sombras que a la distancia se apagaban.
El más joven,
        aventurero e imprudente,
una noche en el mundo del demonio humano
cayó abatido por un grito de odio

cuando buscaba calmar su hambre.

El sabio,
        guardián de las sabanas,
en lucha contra un incendio agrícola
vio crecer espirales de hielo en sus nervios,
se quedó allí, quieto, hasta el final
mientras el venado corría
y el halcón desde lo alto
se burlaba con la fuerza de las corrientes de aire.

La madre,
        reposo del bosque lluvioso,
es ahora una isla lunar
en la boca del cubil,
donde dos satélites giran ansiosos
por el alimento que nunca llegó.

Ahora soy el último de una clase
asfixiada en luces metálicas,
en ríos que se quedaron
sin el bramido de su escorrentía
gracias al progreso del hombre.

Cuando duerma

no despertaré

en el nacimiento de otro jaguar.

La ausencia

> *De las siete especies de tortugas marinas en el planeta,*
> *seis habitan las aguas de América Latina y el Caribe.*
> *Todas enfrentan el drástico impacto del cambio climático.*
> Organización World Wild Life
> ***Tortugas Marinas: amenazas y soluciones***

Por cien millones de años,

desde antes de que el hombre

imaginara a sus primeros dioses

y los demonios que asustan su memoria,

la tortuga ha venido a esta playa

a encontrarse con la luna y las tempestades.

Es una fruta que emerge de las olas,

para sembrar en la arena negra

las semillas de sí misma,

en los surcos labrados con su sal.

Y el jaguar, que es un invitado tardío,

ha comulgado junto a la tortuga

con sangrienta puntualidad

desde el amanecer de su clase,

despidiendo a las viejas y moribundas

con el respetuoso filo de sus colmillos.

Un hambre nacida de todos sus ancestros
le ha guiado hasta el mar para retar su inmensidad.
En su saliva reconoce la cita
a la que desde la espuma,
asistirá el manjar que acumula en sus arrugas
la sabiduría de las rutas oceánicas
    y los pozos que no admiten la luz.
Por cien millones de años, quizás más.
Pero este día la tortuga no ha venido
y el jaguar, solitario, es una pincelada
de nostalgia sobre la playa,
un huérfano en el viaje hacia el futuro
que es la bocaza negra de la humanidad.

En algún lugar del océano,
la última tortuga
    se ahogó entre mi pecho y el olvido.

EL JAGUAR DE CENIZA

Hay noches en que sangre y presa
son invisibles al olfato,
y vencidas por el canto de un gigante de fuego
se vuelven un aguacero
que dibuja espirales en los ríos.

En los párpados del Jaguar
cuelgan los primeros poetas
como metates que saben a carbón y derrota;
y la ceniza, que es un canto fúnebre en la lluvia,
se acumula para construir montículos de cráneos
en el mundo inferior de las páginas en blanco,
donde el Jaguar se disuelve gota a gota
hasta el abrazo de su madre de tierra.

Por la mañana germinará de nuevo,
cuando el horizonte ya no se ahogue
en la ceniza del volcán,
y de nuevo sea
      una invitación a las palabras.

EL JAGUAR Y LA SERPIENTE

Es de noche, y bajo su clave
lo sucedido no es asunto humano,
así lo ha mandado Sibú.

Ella avanza entre la hierba
con el placer de ser un tardío secreto,
se extiende mientras agita sus centímetros
en un brilloso desfile
que se inspira en la sangre primigenia.

Sobre las ramas el alimento espera,
reclama ruidoso una atención
que el viento delata seductora,
siempre hacia la derecha, arriba,
el nido en que su abrazo
encontrará la cura al hambre
que le crece de todos sus sentidos.

Los guardianes descienden,
temerosos de perder sus frutos;

una danza de plumas y fortaleza viperina

donde la protesta es inútil,

picotear, elevar y caer,

la amenaza no puede ser vencida.

En su ascenso

la verduga descuida su espacio,

y presa de su soberbia

es arrastrada por un dolor que no claudica;

flácida y débil entre la maleza

sintiendo cómo es ser devorada

por unas fauces de jaguar a las que no le importaron

sus deseos de volcán.

LA VOZ QUE LLAMA DESDE LA MONTAÑA

Al principio fue la voz,
y la voz cantó
mientras las semillas caían
desde otras manos
sobre tierra magra.

Ahora es un Jaguar
con pelaje, sangre y músculo hechos con el ocaso,
aquel que desde su despertar
ha escuchado al viento
con el cuidado de quien escribe
sobre las llagas de la tierra,
con tal de aprender su idioma de ceniza
y arrancarles a las piedras aquella voz
que dialogó con La Creadora de la palabra.

FÁBULA DE LA PALABRA ESQUIVA

Matar es una habilidad que se desarrolla,
una flor solemne que vemos crecer,
que hacemos crecer.

Para el Jaguar,
quien nunca encontró la palabra esquiva,
es una danza entre víctima y destructor,
sangre desperdiciada que tiñe los helechos
con el sabor que tiene la ausencia
de quienes asumimos sin contemplar,
que todas las historias terminan.

GUERRAS DIVINAS

> *I know someday you'll have a beautiful life,*
> *I know you'll be a star in somebody else's sky,*
> *But why, why, why can't it be, can't it be mine?*
> **Black** – PEARL JAM

I

En complicidad con la noche,
un zorro pelón vagabundea entre la hierba,
suena sus maracas y tropieza
en un frenesí de calor tropical
y semillas derramadas sobre el bosque moribundo.
La luna, fiel compañera del charlatán,
le señala el camino de la tradición
con una lámpara llena de estrellas.

¿Cuánta justicia cabe en una semilla de espavel?
si la belleza de unos acordes no son defensa
contra un hambre que apresa y construye
templos al miedo desde la garganta a los ojos.

"¡Alto, Gran Jaguar! No me mates,
sé dónde está quien buscas.
La Guatusa Frutera, cuenta que hay noches
en las que el espíritu de una sirena
se baña en la laguna Ditkevi
a invocar el favor de Sulá."

El zorro, confiado de salvar la amenaza,
volvió a soñar con coronar cada flor de Skawak
con el calipso de sus maracas,
pero al repuntar la mañana
el Señor de la Noche roncaba,
arrullado por los aguaceros
y el placer de una barriga llena.

II

A Ditkevi se llega por la ruta
que el cangrejo ha dejado en el cielo,
el Jaguar, desde su despertar
ha buscado sin éxito este camino en la sangre de sus víctimas,
ahora es un relámpago que corta el páramo glacial,
laderas desnudas de su antigua piel
en un tiempo previo al holocausto vegetal.

Pero las masas de agua suelen tener un orgullo
construido en la afición por guardar sus secretos,
y ajena a las razones la laguna se negó
a dar testimonio de La Creadora.

Sin notar la presencia de ella en todo,
el Jaguar en su frustración mordía hasta el aire,
en una danza que ni las piedras de la playa
idearon un plan que la pudiera aplacar.

El alba es la hora en que los Niños Huracán

- juguetones truenos hechos carne -
salen a jalar los bigotes del Señor Sol
para despertarlo de su pereza,
mas la venganza del Jaguar
ve en los árboles
una vía para manchar el cielo de sangre.

III

Con la masacre consumada,
el mundo quedó en una noche innegociable.
¿Y qué otra sentencia hay para un cazador
que ser esclavo de su propia ira?
Desafortunado quien despierte las fuerzas
que protegen las montañas,
porque las piedras son hijas de nuestra violencia
y guardan la furia de los Üjum.

Tan larga fue la batalla de esa noche,
que las extremidades cortadas
crearon una grotesca lluvia
que rebalsó las aguas de Ditkevi,
al tiempo que mil jilgueros
anidaron sobre la piel del Jaguar
junto a la historia que narra la caída
de los soberbios hijos de Sibú.

Y en el lugar donde las historias terminan,
el Jaguar burbujea las últimas fuerzas
de su obstinada búsqueda,

con el entendimiento de que la suya no era la respuesta,
que La Creadora siempre fue su mejor arquetipo
    para todo aquello imposible.

DESPEDIDA: LA VOZ QUE DUERME ENTRE LAS PIEDRAS – parte 4

> *Porque ahora paso mi mano sobre el envés de las*
> *hojas y sé leer su alfabeto*
> *y si cierro los ojos oigo correr un río y es tu voz que despierta.*
> ***Ahora*** *–* PIEDAD BONNETT

Los caminos en el cielo
llegan a su final,
se sumergen de nuevo
en la noche de las orquídeas.
Erraste los pasos sobre las piedras
guiado por el temor a la soledad,
así que tu espíritu se quebrará
entre los vértices del agua,
incontrolables destinos
que quisiera abrazar para devolverte el amor
enviado a través de la historia y la sangre.

Y no podrá el viento
secar esta voz de humedad

que despertará de las piedras,
para crear nuestra respuesta
a la agresión que crece.

Mi amado Jaguar,
yo también me sumiré en el olvido
hasta nuestro próximo despertar.

Acerca del autor

Luis Esteban Rodríguez. Nació en Turrialba, Costa Rica en 1977. Poeta, novelista, escritor, fotógrafo y gestor cultural. Realizó estudios en Ingeniería de Software en la Universidad de Costa Rica y la ULACIT.

Actualmente labora para el Ministerio de Educación dentro del Programa de Innovaciones Tecnológicas, en el Colegio Ambientalista de Pejibaye. Es editor en el medio de entretenimiento y vida geek, Revista Level Up, como Director Editorial.

Forma parte del equipo de gestión cultural de Turrialba Literaria como facilitador de talleres literarios y productor de recitales y festivales poético. Poemas de su autoría aparecen en la antología *Voces del vino* (Proyecto Palitachi, Nueva York Poetry Press, 2018).

ÍNDICE

La Voz Que Duerme Entre Las Piedras

PRIMER DESPERTAR

Suwo': Recuerdos de la creación · 15

Pequeño jaguar · 18

La cacería humana · 20

Complicidad · 23

Canto a las semillas que somos · 25

Kòkama · 26

La partida · 30

Casa cósmica · 31

Canto de curación · 36

Serpiente de agua · 38

Destino de las semillas · 40

El Hilo: La voz que duerme entre las piedras – 1 · 43

SEGUNDO DESPERTAR

Suwo': El clan de los navegantes · 47

Súplicas de un viejo Awá · 48

Skawak · 49

El Llamado de Dular · 51

El Dios flaco · 52

Dikum · 54

La voz de la piedra · 56

El mensaje del Usékar · 59

Árbol · 61

Hidalguía: La voz que duerme entre las piedras –2 · 63

Tercer despertar

Suwo':

Sorkura · 67

El Nacimiento del rey Lapa · 72

Insurrección · 74

Comesala · 75

La marcha · 76

El cautiverio · 77

Beatificación de Pablo · 78

Magdalena: La voz que duerme entre las piedras –3 · 79

Cuarto despertar

Suwo': Iriria · 83

El despertar · 85

Jaguar que sueña con la poesía · 86

Canto fúnebre para quienes fuimos · 90

La ausencia · 93
El jaguar de ceniza · 95
El jaguar y la serpiente · 96
La voz que llama desde la montaña · 98
Fábula De La Palabra Esquiva · 99
Guerras Divinas · 100
Despedida: la voz que duerme entre las piedras –4 · 106

Acerca del autor · 111

Colección
PIEDRA DE LA LOCURA
Antologías Personales
(Homenaje a Alejandra Pizarnik)

1
Colección Particular
Juan Carlos Olivas

2
Kafka en la aldea de la hipnosis
Javier Alvarado

3
Memoria incendiada
Homero Carvalho Oliva

4
Ritual de la memoria
Waldo Leyva

5
Poemas del reencuentro
Julieta Dobles

Colección
MUSEO SALVAJE
(Homenaje a Olga Orozco)

1
La imperfección del deseo
Adrián Cadavid

2
La sal de la locura
Fredy Yezzed

3
El idioma de los parques / The Language of the Parks
Marisa Russo

4
Los días de Ellwood
Manuel Adrián López

5
Los dictados del mar
William Velásquez Vásquez

6
Paisaje nihilista
Susan Campos-Fonseca

7
La doncella sin manos
Magdalena Camargo Lemieszek

8
Disidencia
Katherine Medina Rondón

9
Danza de cuatro brazos
Silvia Siller

10
El más furioso de los perros / The most furious of dogs
Randall Röque

11
El rumor de las cosas
Linda Morales Caballero

12
El país de las palabras rotas
Juan Esteban Londoño

Colección
TRÁNSITO DE FUEGO
(Homenaje a Eunice Odio)

1
41 meses en pausa
Rebeca Bolaños Cubillo

2
La infancia es una película de culto
Dennis Ávila

3
Luces
Marianela Tortós Albán

4
La voz que duerme entre las piedras
Luis Esteban Rodríguez Romero

5
Solo
César Angulo Navarro

6
Échele miel
Cristopher Montero Corrales

7
La quinta esquina del cuadrilátero
Paola Valverde

Colección
LABIOS EN LLAMAS
(Homenaje a Lydia Dávila)

1
Fiesta equivocada
Lucía Carvalho

2
Entropías
Byron Ramírez Agüero

♦♦♦

Colección
MUNDO DEL REVÉS
(Homenaje a María Elena Walsh)

1
El amor es un gigantosaurio observando el mar
Minor Arias Uva

Colección
SOBREVIVO
(Homenaje a Claribel Alegría)

1
#@nicaragüita
María Palitachi

◆◆◆

Colección
PARED CONTIGUA
(Homenaje a María Victoria Atencia)

1
La orilla libre
Pedro Larrea

2
Pan negro
Antonio Agudelo

COLECCIONES
TURRIALBA LITERARIA

LETRAS EN TINTA NEGRA
(Homenaje a Jorge Debravo)

1
IET Literario (Antología)
José Daniel Guevara
(compilador)

EMBOSCADA DEL TIEMPO
(Homenaje a Marco Aguilar)

1
El trazo de la mariposa
Clarita Solano

2
Policromías
Arnoldo Quirós

3
Cráneo de Ginsberg
Marvin Salvador Calero

Para los que piensan, como Marco Aguilar, que *toda letra conduce a la herejía, [y] toda semilla nace en excremento* este libro se terminó de imprimir en julio de 2018 en los Estados Unidos de América.

www.ingramcontent.com/pod-product-compliance
Lightning Source LLC
Chambersburg PA
CBHW031138090426
42738CB00008B/1131